L'INDUSTRIE DU SUCRE

LES USINES

DE LA

SOCIÉTÉ ANONYME

DES

ANCIENNES RAFFINERIES

Émile ÉTIENNE & CÉZARD, de Nantes

PARIS

IMPRIMERIE CHAIX

IMPRIMERIE ET LIBRAIRIE CENTRALES DES CHEMINS DE FER

SOCIÉTÉ ANONYME

Rue Bergère, 20, près du boulevard Montmartre

1881

L'INDUSTRIE DU SUCRE

LES USINES

DE LA

SOCIÉTÉ ANONYME

DES

ANCIENNES RAFFINERIES

ÉMILE ÉTIENNE & CÉZARD, de Nantes

SOCIÉTÉ ANONYME

DES

ANCIENNES RAFFINERIES

ÉMILE ÉTIENNE ET CÉZARD, de Nantes

Capital social : DIX MILLIONS de francs

DIVISÉ EN 20,000 ACTIONS DE 500 FRANCS ENTIÈREMENT LIBÉRÉES

CONSEIL D'ADMINISTRATION

MM. **Émile ÉTIENNE**, ✳, Raffineur, Membre de la Chambre de commerce de Nantes, *Président*.

Louis CÉZARD, Raffineur à Nantes, *Administrateur-délégué*.

J.-S. VORUZ aîné, ✳, Constructeur, ancien Député, Membre de la Chambre de commerce de Nantes.

Ch. LALOU, ✳, Banquier, Président de la Société Industrielle et Financière.

E.-Jacques PALOTTE, Ingénieur, Sénateur, Président de la Banque de Prêts à l'Industrie.

Raoul SAY, Propriétaire.

PAGEAUT-LAVERGNE, Négociant à Nantes.

LES USINES

DE LA

SOCIÉTÉ ANONYME

DES

ANCIENNES RAFFINERIES

ÉMILE ÉTIENNE & CÉZARD, de Nantes

AVANT-PROPOS

Avant de présenter l'étude des deux raffineries de Nantes, dont la réunion constitue la *Société anonyme des anciennes raffineries Émile Étienne et Cézard,* nos lecteurs nous permettront de leur soumettre quelques consiérations générales dont l'intérêt ne saurait leur échapper.

L'industrie de la raffinerie consiste à purifier le sucre, qui sort à l'état brut des fabriques de production, sous la forme d'une masse impure plus ou moins colorée, et à lui donner les diverses formes sous lesquelles il est demandé par la consommation.

Le raffinage du sucre est de date relativement récente et longtemps on l'a consommé à l'état brut. — Ce sont les Chinois qui, les premiers, ont obtenu le sucre en gros cristaux incolores et transparents, identiques à notre sucre candi.

Les premières raffineries d'Europe furent construites à Venise vers la fin du xve siècle, et dès le xvie siècle on y fabriquait des pains absolument semblables à ceux que nos raffineries obtiennent aujourd'hui.

Il a fallu près d'un siècle à ces procédés d'épuration pour pénétrer jusqu'en Angleterre et en France, en passant par l'Allemagne.

La consommation du sucre, qui était autrefois limitée à la pharmacie, s'est étendue peu à peu, et les raffineries sont devenues de puissantes industries ; nous en montrerons un exemple dans les usines que nous allons décrire.

Pour être complète, notre étude doit embrasser simultanément : la situation commerciale de l'industrie sucrière considérée tant au point de vue des matières premières mises en œuvre que des produits fabriqués livrés à la consommation; ensuite la description des usines Étienne et Cézard ; enfin l'organisation financière de la Société de ces raffineries, les garanties et la rémunération qu'elle offre au capital engagé.

CHAPITRE PREMIER

Le Sucre et les matières qui en contiennent.

§ I. — Définitions.

Dans le langage ordinaire, on confond, sous la même désignation de substances *sucrées*, toutes celles offrant au goût une saveur douce bien caractéristique, que l'on nomme la *saveur sucrée*.

Rien n'est plus inexact. Les substances à saveur sucrée existent en très grand nombre dans la nature, mais l'analyse de leurs éléments présente, pour la plupart d'entre elles, de telles différences, qu'il est impossible de les confondre sous une même dénomination.

SUCRE CRISTALLISABLE. — La science n'accorde le nom de *sucre* qu'aux produits qui jouissent de la propriété de se transformer, par la fermentation, en alcool et acide carbonique, et de *cristalliser* par l'évaporation de leurs dissolutions. Ce sont les seuls qui puissent être soumis au raffinage, industrie qui a pour base, ainsi que nous le verrons, la cristallisation du sucre.

Beaucoup de plantes contiennent dans leurs racines, leurs tiges ou leurs fruits, du sucre cristallisable. Ce sont, en première ligne, la canne à sucre et la betterave, et ensuite l'érable, le sorgho, le palmier, le bouleau, le melon, la citrouille, etc.

Les éléments manquent, on le conçoit aisément, pour établir une statistique exacte de la production du sucre dans le monde entier. La date la plus récente pour laquelle nous avons pu réunir ces chiffres est l'année 1869-1870. — En voici les résultats :

Production en sucre de canne. . .	2.750.000	tonnes.
— — de betterave .	800.000	—
— — de palmier. .	100.000	—
— — d'érable . . .	50.000	—
Ensemble. . . .	3.700.000	tonnes.

SUCRE DE GLUCOSE. — On désigne sous ce nom un produit à saveur *sucrée*, susceptible de se *transformer*, par l'effet de la fermentation en alcool et acide carbonique, mais non de *cristalliser*. — On le trouve dans les céréales, dans le jus des raisins, des pommes, des groseilles, des cerises, et, en général, des fruits à saveur acide, etc.

On l'emploie pour remplacer le sucre cristallisable dans ses usages les moins délicats, et plus particulièrement pour la fabrication de l'alcool, des vinaigres, pour le sucrage des vins, de la bière, des sirops de qualité commune, etc.

On le prépare en grand, dans l'industrie, en faisant agir, à chaud, un acide sur de l'amidon, élément constitutif du froment et autres substances analogues.

Mais on peut aussi l'extraire des fruits par des procédés tellement simples que le premier venu peut aisément les expérimenter. Exprimez le jus du fruit, ajoutez-y un peu de chaux ou de craie en poudre ; clarifiez la liqueur en y ajoutant des blancs d'œufs ; chauffez un peu au delà de 60° centigrades ; laissez déposer, filtrez sur du noir animal pour décolorer, et enfin concentrez le sirop par évaporation. Le sucre restera sous forme d'une masse transparente ayant l'aspect de la gomme.

Sucre de lait. — Enfin il existe des produits à saveur sucrée qui ne peuvent ni se tranformer en alcool et acide carbonique par la fermentation, ni cristalliser : le *sucre de lait* ou *lactine* est l'un des plus connus. La lactine s'emploie principalement en pharmacie. On l'obtient en évaporant simplement le *petit-lait*, résidu de la fabrication des fromages. C'est principalement en Suisse, dans les cantons qui produisent le gruyère, que se prépare la lactine.

§ II. — Sucre de canne.

Historique. — On s'accorde généralement à reconnaître que ce sont les Indiens qui, les premiers, ont su retirer de la canne la substance sucrée qu'elle renferme et la solidifier, en un mot fabriquer le sucre.

A quelle date remonte cette invention ? C'est ce qu'il est difficile de préciser.

Ce point de vue de la question ne doit pas, d'ailleurs, nous entraîner trop loin de notre sujet; nous nous contenterons donc de le résumer en renvoyant le lecteur, que de plus amples détails intéresseraient, au chapitre des *Merveilles de l'Industrie* dans lequel cet exposé historique est développé avec toute l'autorité qui s'attache au nom de l'auteur, *M. Louis Figuier.*

Dès l'an 371 avant Jésus-Christ, un philosophe grec, Théophraste, nous révèle l'existence du sucre de canne qu'il compare au miel.

Vers la même époque, Néarque, le célèbre amiral d'Alexandre-le-Grand, importa la canne à sucre dans l'Occident, tandis que les Indiens eux-mêmes l'introduisaient en Arabie et en Égypte.

Les Chinois ont cultivé la canne à sucre dès la plus haute antiquité. Mais (nous avons, du moins, tout lieu de le croire) c'est seulement vers le viiie siècle de notre ère qu'ils surent en extraire le sucre blanc cristallisé.

Quant à l'Amérique, il est constant que la canne à sucre y était inconnue lors de la découverte de ce continent. Des Indes en Amérique, elle a dû faire plusieurs étapes.

Au xiie siècle, les Sarrasins l'importaient en Sicile. De là, elle gagna le midi de la France, où elle ne tarda pas à être détruite par les gelées de l'hiver, puis l'Espagne, où elle s'est maintenue dans les régions les plus chaudes, mais sans donner de bien bons résultats, et enfin les îles Canaries et Madère.

C'est dans les plantations de cette dernière île que l'on vint, lors de la découverte de l'Amérique, chercher les éléments d'une culture qui, favorisée par un climat convenable et surtout par un terrain vierge, fit de rapides progrès.

Culture de la canne. — La canne à sucre est une plante de la famille des *graminées*. Elle ressemble beaucoup au maïs, mais avec des dimensions notablement plus considérables, puisqu'elle atteint communément de 3 mètres à 6 mètres de hauteur, et plus parfois. C'est dans sa tige, remplie d'une moelle spongieuse, que l'on trouve le jus sucré.

La canne se propage par graines ou par boutures, le plus souvent par boutures. C'est une plante vivace; après la récolte, chaque pied produit de nouveaux rejetons.

On cultive plusieurs variétés de canne à sucre. La plus répandue est la canne *créole*, ou *canne de Bourbon*. Viennent ensuite la canne à *rubans violets*, de *Batavia*, que l'on réserve habituellement pour la fabrication du rhum; enfin la canne de *Taïti*, qui tend à se répandre parce qu'elle est considérée comme la plus riche en sucre.

Voici la composition moyenne d'une tige de canne à sucre :

Eau	72.10
Substance ligneuse	9.90
Matières solubles	18.00
	100.00

Et le jus que l'on en extrait renferme :

Sucre	20.90
Eau	77.17
Sels minéraux	1.70
Produits organiques	0.23
	100.00

C'est, on le voit, de l'eau sucrée presque pure, contenant une partie de sucre pour quatre parties d'eau.

EXTRACTION DU SUCRE DE LA CANNE. — Les installations primitives, que beaucoup de petits planteurs ont encore conservées, se composent d'un moulin en pierre dans lequel on broie la canne pour en extraire le jus, et d'une série de cinq chaudières accolées dans lesquelles on purifie le jus en y ajoutant un peu de chaux ; puis on laisse déposer et on évapore jusqu'à ce que la cristallisation du sucre se produise. A ce moment, on coule la masse dans des tonneaux; les cristaux

achèvent de s'y former au milieu d'un sirop coloré en brun
plus ou moins foncé qui, ne pouvant cristalliser à cause de
son impureté, s'égoutte par des trous ménagés au fond des
tonneaux.

Ce procédé grossier ne permet pas de retirer de la canne
plus de 6 à 8 0/0 de sucre, alors qu'elle en contient 20 0/0.

Pressés par la concurrence du sucre de betterave, plusieurs
cultivateurs de canne ont complètement abandonné cet outillage primitif et édifié des usines dans lesquelles ils ont réuni
tous les perfectionnements de la science moderne. Ils ont ainsi
élevé à 12 et même à 15 0/0 le rendement en sucre.

PRODUCTION. EXPORTATION. — Il est difficile d'établir avec
précision le chiffre de la production du sucre de canne dans
le monde entier, car, dans beaucoup de lieux de production,
la consommation locale n'est pas connue. Nous avons dit qu'on
l'estime à 2,750,000 tonnes par année, environ.

L'évaluation des quantités exportées comporte plus d'exac-
titude. Une statistique très complète de l'industrie du sucre,
due à M. Bivort, donne pour chaque pays producteur de
canne la quantité de sucre brut exportée ; en voici le relevé
pour l'année 1878 :

Grandes et Petites Antilles, îles du Vent et îles sous le
Vent . . . . Tonnes.   670.000
   Amérique continentale 220.000
   Océanie 380.000
   Afrique.   230.000
   Asie 90.000
            Ensemble. . . . . Tonnes. 1.590.000

Sur ce chiffre total d'exportation, voici les quantités de
sucre de canne qui ont été introduites en France :

Années.	Quantités.	Années.	Quantités.
1860	162.000^t	1870	190.000^t
1861	199.000	1871	157.000
1862	214.000	1872	166.000
1863	240.000	1873	176.000
1864	215.000	1874	159.000
1865	219.000	1875	210.000
1866	183.000	1876	179.000
1867	198.000	1877	185.000
1868	171.000	1878	167.000
1869	201.000	1879	161.000

§ II — **Sucre de betterave.**

Historique. — La présence du sucre cristallisable dans diverses racines, et notamment dans *la betterave*, fut signalée pour la première fois par Margraff, chimiste prussien, én 1745.

Il indiquait en même temps un procédé d'extraction, mais un procédé si coûteux que son application pratique était irréalisable

Ce fut Achard, son élève, qui rendit possible la fabrication industrielle du sucre de betterave. La première usine date de 1796 et beaucoup d'autres furent bientôt établies.

Pendant les premières années de notre siècle, les progrès de cette fabrication se succédèrent avec une étonnante rapidité. Une industrie naissante, dont les applications apparaissaient déjà avec toute leur importance, devait en effet attirer l'attention des savants et des industriels.

Ces découvertes arrivaient d'ailleurs fort à propos pour servir les vues politiques de Napoléon : la production du sucre en France facilitait l'application du *blocus continental* et privait d'un élément important le commerce anglais et sa marine. Aussi l'empereur prodigua-t-il à la culture et au traitement de la betterave les plus puissants encouragements.

En 1815, Howard avait découvert les avantages de l'évaporation des sirops dans le vide, et Pierre Figuier leur décoloration par le noir animal. On fabriquait alors le sucre au prix de 1 fr. 40 c. le kilog.

On en était là, lorsque la cessation du blocus continental, inondant l'Europe du sucre de canne emmagasiné pendant plusieurs années, vint ruiner pour quelque temps la fabrication du sucre de betterave.

Ce fut un trouble passager, et l'équilibre ne tarda pas à se rétablir.

CULTURE DE LA BETTERAVE. — La betterave est une plante du genre *bette*, de la famille des *chinopodées*. Elle est bis-annuelle.

Toutes les variétés de betteraves (Linné en compte cinq) sont propres à la fabrication du sucre, et leur richesse varie beaucoup plus suivant la nature du sol, le climat et le mode de culture, que suivant l'espèce.

Cependant on accorde généralement une préférence à la betterave *blanche à collet vert* dite *betterave de Silésie*.

Les terrains meubles, argilo-sableux, légèrement calcaires, sont considérés comme les plus propres à cette culture.

Les racines profondes de la betterave pénètrent facilement un tel terrain, ce qui n'aurait pas lieu dans un sol trop gras.

Quant au climat, il est reconnu qu'une trop forte chaleur est nuisible et que les contrées situées au-dessous du 45º degré de latitude produisent une betterave peu riche en sucre.

Une betterave de bonne dimension, arrivée à maturité, pèse en moyenne 1 kilogramme. Plus grosses, elles sont généralement moins riches en sucre.

Une bonne culture donne 40,000 pieds à l'hectare, soit 40,000 kilogrammes; mais on obtient rarement un aussi fort rendement, et la production moyenne en France est de 30,000 kilogrammes par hectare.

Voici la composition moyenne de la betterave française :

Eau.	83,5
Sucre.	10,5
Cellulose et autres matières organiques. .	4,5
Sels minéraux.	1,5
	100,00

Et le jus exprimé contient :

Eau.	86,03
Sucre.	12,00
Cellulose. .	1,25
Sels minéraux.	0,72
	100,00

Ces analyses, comparées à celles de la canne, montrent que la betterave contient moins de sucre et plus de matières étrangères.

On obtient, il est vrai, particulièrement en Silésie, des betteraves dont la teneur en sucre atteint 18 0/0, mais en France on ne dépasse guère 10 0/0, et la proportion de sucre extrait réellement est d'environ 6 0/0.

La culture de la betterave n'en est pas moins des plus productives. En effet, une récolte de 40,000 kilos par hectare, que l'on obtient et que l'on dépasse même parfois dans les cultures bien dirigées, au prix moyen de 20 francs la tonne, crée une valeur de 800 francs par hectare, qui n'est pas assurément tout bénéfice, puisqu'il faut en déduire les frais de culture; mais ces frais alimentent le travail national et le surplus profite au propriétaire. L'État, de son côté, y trouve un bénéfice très élevé : 40,000 kilos de betterave produisent, au minimum, 2,000 kilos de sucre, qui, malgré le récent dégrèvement de l'impôt, rapportent au fisc une recette de 800 francs.

Peu de cultures donnent à l'État et aux particuliers de semblables bénéfices : ainsi se justifie la sollicitude dont les pouvoirs publics ont de tout temps et en tout pays entouré la culture de la betterave.

Aussi a-t-elle fait de rapides progrès, comme on peut le juger par le tableau suivant :

Production de la betterave en France par région.

	1862	1875	1878
Région Nord.	3.869.537	9.752.362	9.068.415
— Sud.	31.479	122.973	154.058
— Est.	195.555	802.213	732.780
— Ouest.	69.773	1.103.996	1.588.200
— Centre.	253.703	1.443.376	1.289.384
Ensemble. . . .	4.320.042	13.224.920	12.832.837

Ce tableau comprend, pour les années 1875 et 1878, non seulement la betterave à sucre, mais encore celle qui est livrée aux distilleries pour la fabrication de l'alcool.

Quoi qu'il en soit, il établit que, de toute la France, la région de l'Ouest est celle où les progrès de la culture de la betterave ont été de beaucoup les plus sensibles de 1862 à 1875, et que c'est la seule où, depuis 1875, la culture de cette plante ait continué à prospérer.

C'est là un fait bien digne de remarque, que cette augmentation très accentuée de production dans l'Ouest, en présence de la tendance générale à la diminution.

La fabrication du sucre y marche d'ailleurs parallèlement à ce grand mouvement agricole. Plusieurs usines viennent de s'ouvrir, d'autres ne tarderont pas à les suivre, et le jour n'est pas éloigné où les raffineries de Nantes pourront s'alimenter à leur choix en sucre français ou en sucre exotique et, dans les deux cas, avec des conditions de transport également avantageuses.

Un élément nouveau, le phylloxéra, vient encore favoriser cette tendance. — Parmi les propriétaires des vignobles dévastés, les uns replantent, mais les autres, en grand nombre, préfèrent une culture moins dangereuse. Et c'est ainsi que la betterave, sur bien des points, vient remplacer une vigne détruite ; non pas dans le Midi, où le climat est trop chaud, comme nous l'avons déjà dit, mais dans l'Ouest, et particulièrement dans les Charentes, où sol et climat sont parfaitement appropriés.

FABRICATION DU SUCRE DE BETTERAVE. — On récolte la betterave en septembre et octobre. Pendant l'hiver, on la conserve sans trop de peine ; mais dès qu'apparaissent les chaleurs du printemps il se produit un commencement de germination, c'est-à-dire de fermentation qui diminue sa richesse en sucre cristallisable.

Les sucreries doivent donc devancer ce moment. Dans les usines bien outillées, la campagne ne dure que trois ou quatre mois, et finit en décembre ou janvier.

A son arrivée à l'usine, on *lave* la betterave, puis au moyen de râpes puissantes on la réduit *en pulpe* dont on extrait le jus par compression sous une presse hydraulique. — Un autre procédé consiste à découper les betteraves en *cossettes* que l'on met détremper dans de l'eau tiède où le sucre se dissout entièrement.

De quelque manière qu'on l'ait obtenu, on purifie ce jus en y additionnant de la chaux ; l'opération se fait dans d'immenses cuves chauffées par la vapeur.

On filtre alors le jus à travers du noir animal pour le décolorer, puis on commence à le concentrer en évaporant son eau dans des chaudières chauffées à la vapeur et hermétiquement closes, dans lesquelles des pompes aspirantes font constamment le vide pour faciliter l'ébullition.

Après cette concentration, on filtre une deuxième fois le sirop, puis on le ramène dans une chaudière fermée où l'on reprend la concentration pour la pousser jusqu'au point où le sucre commence à se mettre en cristaux.

Comme dans la fabrication du sucre de canne, il faut dépouiller ces cristaux du sirop impur et coloré qui les imprègne : on en accélère l'égouttage au moyen de *turbines*, appareils qui seront décrits à l'occasion de la raffinerie.

Les turbines donnent, d'une part, le sucre cristallisé brut ou *cassonade*, tel qu'il est livré à la raffinerie, et, d'autre part, un sirop coloré, d'où l'on extrait par un deuxième traitement tout le sucre cristallisable, et que l'on vend ensuite comme sous-produit sous le nom de *mélasse*.

La pulpe dont on a extrait le jus est également un sous-produit de réelle valeur. Elle convient mieux que la betterave elle-même, parce qu'elle contient moins d'eau, à la nourriture du bétail, et se vend, pour cet usage, la moitié environ de la valeur de la betterave qui l'a produite. On peut sans inconvénient la conserver pendant deux ans. — La France seule en produit assez pour nourrir 80,000 têtes de bétail.

IMPORTANCE DE LA PRODUCTION

Production du sucre de betterave en Europe.

Années.	Tonnes	Années.	Tonnes.
1865-66	673.000	1872-73	1.212.000
1866-67	684.000	1873-74	1.191.000
1867-68	665.000	1874-75	1.184.000
1868-69	658.000	1875-76	1.373.000
1869-70	845.000	1876-77	1.401.000
1870-71	942.000	1877-78	1.421.000
1871-72	928.000	1878-79	1.495.000

Considérée séparément, la France a suivi une progression non moins accentuée :

3

Production du sucre de betterave en France.

Années.	Tonnes.	Années.	Tonnes.
1860-61	106.000	1870-71	178.000
1861-62	109.000	1871-72	229.000
1862-63	133.000	1872-73	198.000
1863-64	145.000	1873-74	270.000
1864-65	104.000	1874-75	304.000
1865-66	157.000	1875-76	329.000
1866-67	197.000	1876-77	321.000
1867-68	197.000	1877-78	271.000
1868-69	118.000	1878-79	320.000
1869-70	198.000	1879-80	308.000

CHAPITRE II

Le Raffinage du sucre.

§ I. — Notions préliminaires.

Le sucre brut, au sortir des usines de production, qu'il provienne de fabrication européenne ou des colonies, est, nous l'avons dit, une masse informe dont la coloration varie du jaune clair au marron très foncé. Son degré de coloration est un indice de son degré de pureté, et longtemps l'impôt sur le sucre brut a été taxé d'après cette coloration.

Un exposé succinct des diverses opérations, dont la succession constitue l'épuration ou *raffinage* du sucre brut, facilitera au lecteur l'intelligence de la description des usines Étienne et Cézard.

A son arrivée dans la raffinerie, le sucre est dissous dans de l'eau de manière à former un sirop d'une certaine consistance : c'est la *fonte*.

On ajoute à ce sirop du noir animal, en poussière fine, et on lui fait subir, au moyen du sang de bœuf, un traitement analogue au collage des vins : c'est la *clarification*.

On filtre ensuite le sirop, d'abord sur des toiles, pour retenir les matières étrangères, puis à travers une épaisse couche de noir animal en grains pour le décolorer : c'est la *filtration*.

On le concentre dans une chaudière en évaporant l'eau jusqu'à ce qu'il se produise un commencement de cristallisation : c'est la *cuite*.

Enfin, on remplit de cette matière les moules à pains; c'est *l'empli*. Ces pains sont ensuite montés dans les étages supérieurs sur des planchers dits *lits de pains*, égouttés, blanchis par des claires, sucés, retirés de leurs moules et mis à l'étuve.

Ainsi s'obtient le sucre en pains.

C'est sous cette forme qu'est vendue la plus grande quantité de sucre raffiné. Mais la fabrication comporte également le traitement de produits accessoires et de sous-produits que nous allons énumérer, en indiquant leur origine et leur usage.

VERGEOISES. — Les sirops colorés provenant de l'égouttage des pains sont traités à nouveau. On en retire, suivant leur pureté et les procédés de fabrication suivis, soit de nouveaux pains, soit du sucre en petits cristaux imprégnés de sirops plus ou moins colorés qui leur communiquent une nuance variant du jaune clair au brun foncé. Ce sont les *vergeoises*.

MÉLASSE. — Lorsque les sirops d'égouttage ne contiennent plus ou presque plus de sucre cristallisable, on les vend comme sous-produit sous le nom de *mélasse*.

La mélasse a d'assez nombreux usages, suivant sa qualité dont on juge par sa nuance. La mélasse des raffineries travaillant les sucres coloniaux entre directement dans la consommation à des prix élevés, tandis que la mélasse provenant des sucres indigènes est généralement employée dans les distilleries pour la fabrication de l'alcool.

SUCRE SCIÉ. — On demande beaucoup aujourd'hui (et c'est une consommation qui tend à se répandre) du sucre débité, à la scie ou au couteau, en petits morceaux réguliers. On obtient ce produit, dans les raffineries, en sciant des pains, ou mieux, ainsi que nous le verrons à l'occasion de l'usine Cézard, des tablettes préparées à cet effet.

SUCRE COMPRIMÉ. — Avec les poussières provenant du sciage ou du concassage du sucre, que l'on additionne de sucre cristallisé frais, on obtient une pâte assez liante pour que, par la compression, on puisse la mettre sous forme de tablettes qui, séchées à l'étuve, deviennent très résistantes. Ces tablettes sont débitées ensuite en sucre scié.

SUCRE CANDI. —Le sucre candi n'est autre que du sucre ordinaire sous la forme de cristaux volumineux. Pour obtenir que le sirop concentré se forme en gros cristaux au lieu d'une masse compacte, comme celle des pains, il suffit de laisser cristalliser lentement et sans agitation.

Cette cristallisation se fait dans des auges à l'intérieur desquelles on a tendu des fils. Les cristaux se forment sur les fils et contre les parois. Quand on juge qu'ils ont un volume suffisant, on perce la croûte qui s'est formée à la surface, on verse l'excédent de sirop, puis on lave vivement les cristaux à l'eau tiède et on les laisse sécher.

C'est dans cet état qu'ils sont livrés à la consommation.

SUCRE D'ORGE, DE POMMES, etc. — Nous mentionnons ici, pour être complet, ces fabrications, bien qu'elles appartiennent plutôt à l'état du *confiseur* qu'à celui du *raffineur*.

Pour obtenir ces produits, on fond du sucre et on le porte à une température suffisante pour que, sans se transformer en *caramel* ou *sucre brûlé*, il perde cependant la propriété de cristalliser. Puis on le laisse refroidir en lui donnant la forme voulue et en y ajoutant quelquefois des essences de divers fruits. Par le refroidissement, il prend l'aspect d'une gomme incolore, s'il n'a pas été trop chauffé.

§ II. — Description de l'Usine Étienne.

HISTORIQUE. — La raffinerie Étienne est l'une des plus importantes et des plus anciennes de France.

Fondée en 1812, par M. Louis Say, elle a été, on peut le dire, le berceau de la fortune de cette célèbre famille, dont le

Raffineries de Nantes.

Vue à vol d'oiseau de l'usine Ém. Étienne.

nom est intimement lié à l'industrie de la raffinerie, non seulement en France, mais dans le monde entier.

Depuis sa création, cette usine est allée sans cesse grandissant et se perfectionnant, sans sortir un instant des mains des familles alliées Étienne et Say.

Elle a eu successivement comme propriétaires :

De 1840 à 1841, MM. J.-B. Étienne, A. et G. Say ;

De 1841 à 1856, MM. J.-B. Étienne et A. Say ;

De 1856 à 1859, MM. A. Say, E. et G. Étienne ;

De 1859 à 1871, MM. Émile et Gustave Étienne ;

A partir de 1871, M. Émile Étienne.

Située dans la ville même de Nantes, où elle couvre une superficie de deux hectares et demi, l'usine Étienne est merveilleusement desservie, comme moyen de transports, aussi bien pour la réception des matières brutes que pour l'expédition des produits fabriqués, puisqu'elle est entourée par la voie publique d'une part et d'autre part, par un bras de la Loire et les voies du chemin de fer de l'Ouest, d'où se détache un embranchement en construction qui pénètrera jusque dans l'usine.

La production quotidienne de l'usine Étienne est d'environ 100,000 kilogrammes de sucre raffiné et 15,000 kilogrammes de produits de second ordre : pilés, vergeoises, etc. — Hâtons-nous d'ajouter que son outillage peut se prêter à une production plus considérable encore, et que cette usine est, dès maintenant, en mesure de profiter de l'augmentation de production qui doit être la conséquence du récent dégrèvement de l'impôt sur les sucres.

La raffinerie Étienne occupe un personnel de 600 ouvriers ; elle est desservie par une force mécanique imposante : on compte en effet dans l'usine 16 machines à vapeur représentant ensemble une force de 250 chevaux.

9 chaudières à bouilleurs du plus grand modèle produisent la vapeur nécessaire à la mise en marche de ces machines, sans préjudice d'une quantité plus grande encore dépensée comme chauffage, dans les appareils que nous allons décrire.

PRÉPARATION DES SUCRES BRUTS. — Les sucres bruts arrivent, suivant leur provenance, en tonneaux ou en sacs. — Avant de passer à l'atelier de fonte, ils sont l'objet d'une préparation préliminaire ayant pour but de faciliter leur traitement.

Rappelons ici que le sucre brut est une agglomération de petits cristaux de sucre pur, imprégnés de sirop plus ou moins impur et coloré.

Ce sirop, semblable d'abord à une pâte, durcit peu à peu, et donne bientôt à l'agglomération de ces cristaux une certaine consistance.

Pour rendre plus rapide la dissolution du sucre brut dans l'eau, on le fait préalablement passer dans des broyeurs qui réduisent les blocs volumineux en une fine poussière.

Une préparation bien autrement importante encore, que l'usine Étienne fait subir à ses sucres bruts (à ceux du moins qui l'exigent), consiste à en extraire l'excès de sirop impur qu'une fabrication peu soignée y a laissé.

Nous avons vu que l'égouttage des sirops se fait, dans les usines bien outillées, au moyen de turbines. Ce sont aussi des turbines qu'on emploie à l'usine Étienne ; mais comme les sirops à extraire ont durci, il faut leur rendre leur fluidité. Pour cela on fait arriver dans la turbine un jet de vapeur, qui se condense sur le sucre brut à épurer et rend ainsi au sirop à expulser la fluidité nécessaire pour qu'il sorte de l'appareil.

L'invention de ces turbines à injection intérieure de vapeur pour purifier les sucres bruts est due à M. Wenrich ; elle est protégée par un brevet.

L'atelier des turbines Wenrich, dans l'usine Étienne, est figuré ci-contre. — Il comprend 36 de ces appareils, rangés sur deux

Atelier de purification des sucres bruts (Procédé Wenrich).

lignes parallèles de chaque côté de l'atelier. — Le sucre brut
arrive dans la turbine par un couloir descendant de l'étage
supérieur. Après qu'il y a séjourné une demi-heure, des ouvriers
l'en retirent et le chargent sur des wagonnets pour le transporter à l'atelier de fonte. — Le dessin montre, au fond de
l'atelier, la machine motrice, de la force de 30 chevaux, qui
donne le mouvement à ces appareils.

Le sirop impur et coloré sortant des turbines est recueilli
dans des caniveaux et mélangé aux sous-produits des opérations
subséquentes, dont nous donnerons la description.

ATELIER DE FONTE. — La fonte du sucre brut se fait dans
d'immenses chaudières en cuivre. — Ces chaudières possèdent
un double fond dans lequel circule la vapeur pour chauffer
la dissolution ; elles sont, en outre, munies d'un mécanisme qui
permet de tenir la masse du liquide constamment agitée, afin
de favoriser la dissolution.

On fond le sucre dans le tiers de son poids d'eau et l'on
ajoute à ce sirop les eaux provenant du lavage ou, suivant
l'expression consacrée, du *dégraissage* des sacs et des tonneaux
ayant contenu le sucre brut, afin qu'il n'y ait aucune perte de
matière.

CLARIFICATION. — Une pompe refoule ce sirop des chaudières
de fusion, établies au rez-de-chaussée de l'usine, dans d'autres
chaudières placées, au contraire, à l'étage le plus élevé.

C'est dans ces chaudières, au nombre de six, également
chauffées par la vapeur que l'on ajoute quelques centièmes de
noir animal en fine poussière et 1 0/0 environ de sang de
bœuf. — L'albumine du sang de bœuf se coagule par la chaleur,
et forme dans la masse du sirop comme un réseau qui, en se
déposant, entraîne, au fond de la chaudière, les matières
étrangères, en suspension dans le liquide.

Le dessin ci-contre fait voir, à la partie supérieure de l'atelier,
ces chaudières de clarification.

Atelier de fonte, clarification et cuite.

Filtration.— Lorsque le dépôt est bien formé, on décante le sirop clarifié, et on le filtre.

La filtration se compose de deux opérations bien distinctes.

La première consiste à faire passer le sirop à travers de fortes toiles pour retenir les matières étrangères qu'il pourrait contenir encore. L'appareil dans lequel se fait cette filtration n'offre rien de particulièrement intéressant, sinon qu'il est dis·posé de façon à réunir sous un petit volume de grandes surfaces filtrantes.

La deuxième opération consiste à faire passer le sirop au travers d'une couche épaisse de noir animal qui possède, comme on le sait, la propriété de le décolorer. On se souvient, en effet, que le sucre brut sur lequel opèrent les raffineries est toujours plus ou moins coloré en brun, tandis que le sucre raffiné doit être parfaitement incolore.

Cette seconde filtration se fait dans de grands cylindres ayant environ 1 mètre de diamètre et 8 mètres de hauteur : on les voit rangés en jeu d'orgue sur le dessin ci-contre.

L'usine Étienne possède 40 de ces appareils.

Cuire.— Au sortir de ces filtres, les sirops sont classés en diverses catégories suivant qu'ils sont plus ou moins décolorés, et sont emmagasinés dans d'immenses cuves.

C'est de là qu'ils se rendent dans les appareils à cuire.

Le dessin précédent montre trois de ces chaudières à cuire établies au-dessous des filtres. Nous en avons en outre représenté une séparément avec tous ses accessoires.

Cet appareil joue un rôle capital dans la raffinerie.

C'est une grande cuve en cuivre ayant 3 mètres de diamètre et 5 mètres de hauteur. Elle est recouverte de douves en bois, afin d'empêcher la déperdition de vapeur.—Au fond, est pratiquée une large tubulure par où sort la matière quand la cuite est à point. A la partie supérieure se trouve une autre tubulure qui commu-

nique avec une machine aspirante faisant le vide dans l'intérieur. Plusieurs regards en verre sont ménagés, à diverses
hauteurs, afin que l'ouvrier qui conduit l'opération puisse la
surveiller. Une sonde, pouvant faire une prise de sirop au sein
même de la masse, permet de juger si la cristallisation est
assez avancée, si la masse est *cuite*. Plusieurs serpentins, dans
lesquels circulent la vapeur, chauffent le sirop et produisent
son évaporation. Enfin, un manomètre placé en vue de l'ouvrier lui indique à chaque instant le degré du vide dans l'intérieur de la chaudière.

Usine Étienne.

Chaudière à cuire en grains.

On traite, dans chaque opération, environ 13,000 kilogrammes
de sucre, et la cuite dure 1 heure 1/2. On voit quelle force
de production possède l'usine Étienne qui dispose de trois de
ces puissants engins.

EMPLI. — La masse cuite est envoyée, au sortir de la chaudière, dans des cuves dites *réchauffoirs*, pourvues d'un double-fond où circule la vapeur. Ces réchauffoirs sont visibles, e bas de la figure ci-contre, et les ouvriers qu'on y voit, agitent constamment la masse afin d'empêcher que, par un repos trop prolongé, elle cristallise en gros cristaux.

C'est dans ces réchauffoirs que des ouvriers viennent puiser le sirop, avec des vases en zinc assez semblables à des arrosoirs, pour en remplir les moules où se fait la cristallisation.

Les moules se faisaient primitivement en poterie. On les fait aujourd'hui en tôle ou en zinc; ils sont moins lourds et plus faciles à manœuvrer. — Ils sont percés d'un trou à la partie inférieure.

On bouche ce trou avec une cheville et on place les pains verticalement, les uns contre les autres, sur le plancher de l'atelier.

CLAIRÇAGE, ÉGOUTTAGE, SÉCHAGE. — Les moules restent dans cette position, quarante-huit heures environ ; on a soin d'en agiter ou, suivant l'expression propre, d'en *mouver* le contenu pour empêcher la formation de gros cristaux. On élève ensuite les moules, au moyen d'un monte-charge, aux étages supérieurs.

Là, on retire la cheville du bas et on replace les moules dans la même position qu'à l'empli, mais sur des planchers à claire-voie, pour faire égoutter le sirop coloré et non cristallisable qui imprègne les cristaux.

Dès qu'on juge que l'égouttage est suffisant, on verse sur la base du pain un sirop parfaitement pur et blanc, qui, en traversant la masse cristallisée, achève de la décolorer.

On sort enfin le pain de son moule et on le laisse huit jours dans une étuve chauffée à 50° pour le dessécher.

La succession de ces diverses opérations, depuis l'empli jusqu'à l'étuvage inclusivement, c'est-à-dire jusqu'à ce que le pain soit prêt à être *habillé* et livré à la vente, dure près de quinze jours, bien que l'on active l'égouttage des pains en les plaçant pendant plusieurs heures sur un appareil dit *sucettes*, où l'on produit, à travers la masse, une *succion* au moyen de machines aspirantes.

On voit de suite, par la description qui précède, l'importance des locaux et la quantité véritablement incroyable de moules qu'exige cette partie de la fabrication.— Ainsi, un matériel de 80,000 à 100,000 moules est nécessaire à l'usine Étienne, et les greniers à pains occupent six étages de l'un des plus vastes corps de bâtiment de l'usine.

Atelier de sucre scié. — La forme des pains de sucre, qui s'est conservée telle qu'elle avait été adoptée dès le principe, est motivée par la commodité de la fabrication ; elle se prête bien, en effet, à l'égouttage. Mais cette forme est très incommode pour l'entassement, soit dans les magasins, soit sur les navires, et peu commode aussi à l'usage. — Aussi la consommation tend-elle de plus en plus à demander le sucre sous des formes exactement cubiques, et les raffineries, soucieuses de satisfaire leur clientèle, ont dû faire des recherches dans ce sens.

La maison Étienne ne s'est pas laissé devancer dans cette voie; dès 1878, elle avait exposé des cubes de 420 grammes destinés spécialement à l'approvisionnement de l'armée: 420 grammes représentent, en effet, l'unité de ration d'une escouade de 20 hommes pour 10 jours.

Outre ces formes spéciales, l'usage du sucre débité en petits morceaux réguliers se répand de plus en plus.

Mais on conçoit quel déchet occasionne le débit en morceaux *cubiques* des pains *coniques*. Aussi M. Étienne a-t-il créé pour la scierie, la fabrication des pains à base carrée.

Le sciage du sucre en petits morceaux et son emballage, dans des caisses ou en paquets de 1 kilog. constitue un atelier spécial qui occupe 150 ouvriers ou ouvrières. Son outillage mécanique comprend vingt scies pour débiter le sucre en baguettes et autant de concasseuses pour réduire ensuite les baguettes en morceaux. — L'usine Étienne produit chaque jour de 20,000 à 25,000 kilogrammes de sucre scié.

Nous n'insisterons pas, ici, sur la description des appareils de sciage et de leur fonctionnement. Nous aurons en effet occasion de revenir sur cette question et de l'exposer en détail à l'occasion de l'usine Cézard, qui s'est fait une spécialité de la fabrication du sucre scié.

SUCRE COMPRIMÉ. — Ce sont les poussières du sciage ou du concassage, additionnées de sucre frais.

Le mélange se fait au moyen d'un malaxeur énergique : la masse est ensuite portée sous une presse à balancier qui rappelle, comme principe, les presses servant à la fabrication de la monnaie.

L'usine possède deux de ces appareils.

Ces presses donnent des tablettes carrées ayant $0^m,20$ de côté et $0^m,03$ d'épaisseur. Après leur passage à l'étuve, elles ont une dureté suffisante pour être débitées en petits morceaux, comme on le ferait de tablettes découpées à la scie dans des pains.

SOUS-PRODUITS. — Les sirops écoulés des turbines d'épuration des sucres bruts et ceux provenant de l'égouttage des pains constituent les sous-produits.

On peut à volonté :

Ou bien les soumettre une seconde, une troisième, une quatrième fois.... aux opérations déjà connues de clarification, filtration et cuite, et en retirer chaque fois du sucre en pains en quantité et qualité décroissantes ;

Ou bien les faire cuire sans les épurer, et les faire cristalliser dans des bacs pour en fabriquer des sucres de qualité inférieure dits sucres *pilés*.

Le plus souvent, on combine ces deux méthodes, et, après avoir épuisé les sirops un certain nombre de fois pour en retirer le plus possible de sucre blanc, on les emploie à la fabrication du sucre pilé.

Cette fabrication ne diffère pas, comme principe, de celle du sucre blanc ; la cuite est seulement plus longue et offre plus de difficulté à mesure que le sirop est moins pur. L'égouttage aussi est plus long, le sirop étant plus épais ; aussi est-il nécessaire, pour l'accélérer et le rendre plus complet, de recourir à des moyens mécaniques, à l'emploi de la turbine.

Nous figurons ci-dessous un de ces appareils. — A l'intérieur du premier cylindre, qui est *vu*, est un second cylindre porté

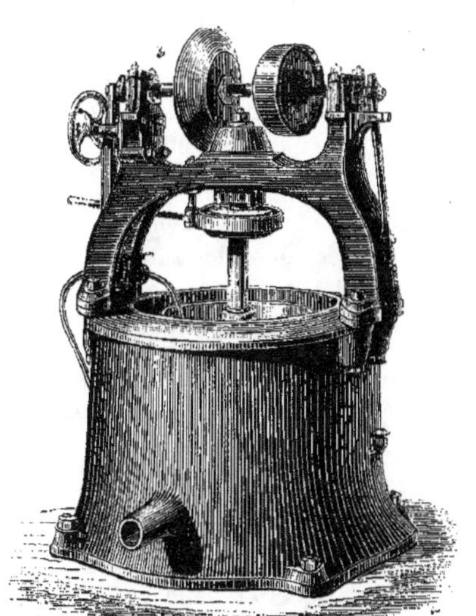

Turbine.

par l'arbre vertical de la turbine. Ce cylindre est percé sur son pourtour d'une infinité de petits trous, ou encore il est formé de toile métallique. C'est dans ce cylindre intérieur que l'on place la matière à égoutter, puis on lui imprime mécaniquement une vitesse de rotation de 1,000 à 1,200 tours par minute. La force centrifuge presse fortement la matière contre la paroi à jour du cylindre tournant; les cristaux de sucre sont retenus par cette paroi, mais le sirop non cristallisé la traverse et passe dans le cylindre extérieur d'où il s'échappe par une tubulure que montre le croquis, pour se rendre dans des cuves où on l'emmagasine.

Après quelques minutes de rotation (plus ou moins suivant la consistance du sirop à éliminer), on retire de la turbine une masse déjà dure, formée de cristaux conservant encore assez de sirop pour les agglomérer, et aussi pour les colorer. Ce sont les *vergeoises*. On les classe en diverses qualités d'après leur nuance.

Les vergeoises sont vendues en sacs. Elles remplacent avec avantage les sucres bruts, pour tous les usages où la pureté et la blancheur ne sont pas indispensables.

RÉVIVIFICATION DU NOIR ANIMAL. — Nous avons vu que le noir animal en grains absorbe, dans les filtres, la matière colorante des sirops. Cette propriété n'est pas illimitée; le noir se sature bientôt, et dès lors n'a plus d'action.

Mais on peut lui rendre, par un traitement convenable, cette propriété décolorante qu'il a perdue, c'est-à-dire. le *revivifier*.

Au sortir des filtres, on l'emmagasine dans de grandes cuves en tôle ayant environ 6 mètres de profondeur et 5 mètres de diamètre. Puis, après l'avoir lavé, pour en retirer le sucre qu'il contient, on le laisse fermenter pendant 7 à 8 jours à la température de 30° centigrades, afin de détruire les matières organiques qu'il a absorbées.

Après cette fermentation, on le lave à nouveau, et on le porte dans des fours où on le calcine à la température du rouge sombre.

Nous avons figuré l'intérieur d'une partie de l'atelier de revivification du noir animal à l'usine Étienne. Cet atelier comprend 10 grandes cuves en tôle. Au-dessus de ces cuves, court

Raffinerie de Nantes.

Atelier de revivification du noir animal.

le long de l'atelier, outre une conduite de distribution d'eau, une sorte de petit chemin de fer sur lequel roulent des caisses à bascule servant à transporter le noir, des filtres dans les cuves.

Chaque cuve porte à sa partie inférieure un tampon; c'est par là que sort le noir après sa fermentation; on le reçoit dans un wagonnet qui le conduit à l'extrémité de l'atelier dans une fosse où le prend une noria pour l'élever et le distribuer dans les fours. — Le croquis représente, outre les cuves, deux de ces fours, installés dans la même halle. Les autres fours sont dans une autre halle, accolée à celle que nous avons figurée, et de mêmes dimensions.

Au sortir des fours, le noir est encore lavé à la vapeur dans un cylindre en tôle. Enfin on le fait sécher, puis passer dans un appareil où il est soumis à l'action d'un courant d'air assez énergique pour entraîner les fines poussières qui se sont formées dans les diverses opérations ci-dessus décrites, et qui ne doivent pas aller dans les filtres, où elles gêneraient la filtration des sirops.

Usine a gaz. — L'établissement Étienne possède une usine à gaz spécialement affectée à son éclairage; on peut juger, par cela seul, de son importance. — Cette usine, déja presque insuffisante, et que l'on se dispose à agrandir, comprend cependant deux fours de trois cornues chacun, et un gazomètre.

§ III. — Description de l'usine Cézard.

L'usine Cézard n'a pas la même puissance de production que la précédente; elle raffine en moyenne 25,000 kilog. de sucre par jour.

Elle est aussi de fondation moins ancienne. Mais le nom de Cézard jouit depuis longtemps d'une notoriété et d'un crédit considérables dans toutes les sphères où l'on s'occupe d'armement, du commerce des denrées coloniales et du sucre en particulier.

L'usine Cézard est construite sur le territoire de Chantenay, petite commune de la banlieue de Nantes, qui aujourd'hui ne

fait plus qu'un avec la ville, et s'y relie par de nombreux et
faciles moyens de communication: routes, tramways et chemin
de fer.

Au point de vue industriel, elle est dans une situation
tout aussi avantageuse que l'usine Étienne: sur un bras de la
Loire, près de la gare maritime de Nantes, et à 50 mètres de
la station de Chantenay, sur la voie ferrée de Nantes à Saint-
Nazaire.

Raffineries de Nantes.

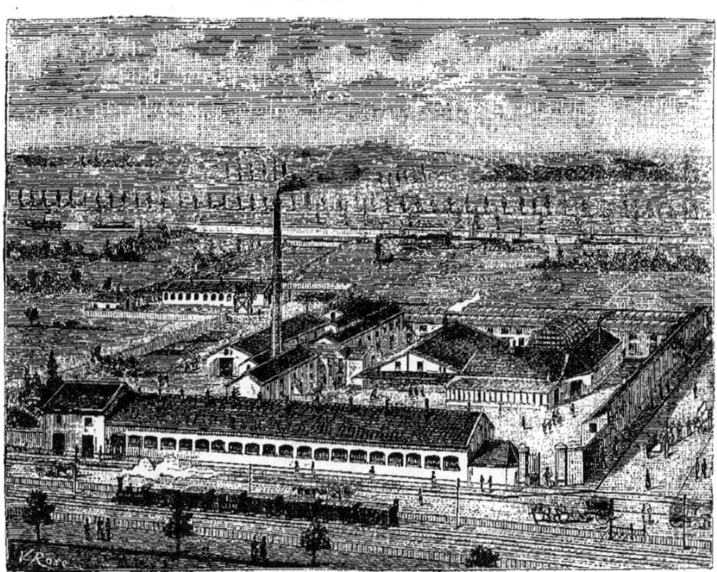

Vue à vol d'oiseau de l'usine Cézard.

Elle occupe 80 ouvriers, y compris 30 femmes pour l'atelier
de sciage; elle est desservie par une force motrice de 80 chevaux.

Il serait sans intérêt de reprendre, à propos de cette usine,
les descriptions de détail auxquelles a donné lieu l'usine Étienne

Nous passerons donc rapidement sur la réception des sucres bruts, leur fonte, leur clarification et double filtration, leur cuite (toutes opérations pour lesquelles l'usine Cézard est, en proportion de sa production, aussi ingénieusement et puissamment outillée que l'usine Étienne), et nous arriverons de suite à la description d'un procédé spécial de fabrication du sucre scié, procédé ingénieux et plein d'avenir.

ATELIER DE SUCRE SCIÉ. — Dans ce procédé particulier, le sucre destiné à être débité, par la scie, en petits morceaux réguliers, est préparé non plus en pains, mais sous forme de tablettes ayant environ 0^m,03 d'épaisseur et 0^m,20 de dimension de chaque côté.

On y trouve un double avantage : 1° faire moins de déchets que par le sciage des pains ronds ; 2° appliquer à la fabrication de ces tablettes des procédés beaucoup plus rapides que ceux que nous avons décrits pour la fabrication des pains.

La série des opérations est d'ailleurs la même dans les deux cas ; elle ne diffère que par une plus grande rapidité.

Au fond de l'atelier, figuré ci-contre, on aperçoit deux appareils à cuire et, au-dessous, deux réchauffoirs qui reçoivent la masse cuite. — Jusque-là aucune différence avec ce que nous avons vu à l'usine Étienne.

Mais au lieu de moules coniques pour recevoir le sirop, on emploie des moules cubiques divisées intérieurement en 10 compartiments égaux, de telle sorte que chacune d'elles contient 10 tablettes ayant les dimensions indiquées.

On superpose 6 de ces moules les uns aux autres ; on remplit les piles, ainsi formées, avec la masse cuite prise dans les réchauffoirs, et on laisse cristalliser.

La cristallisation se fait en 12 heures environ. On sépare alors les moules et on les élève, au moyen d'un monte-charge mécanique, à l'étage supérieur où ont lieu les manipulations subséquentes.

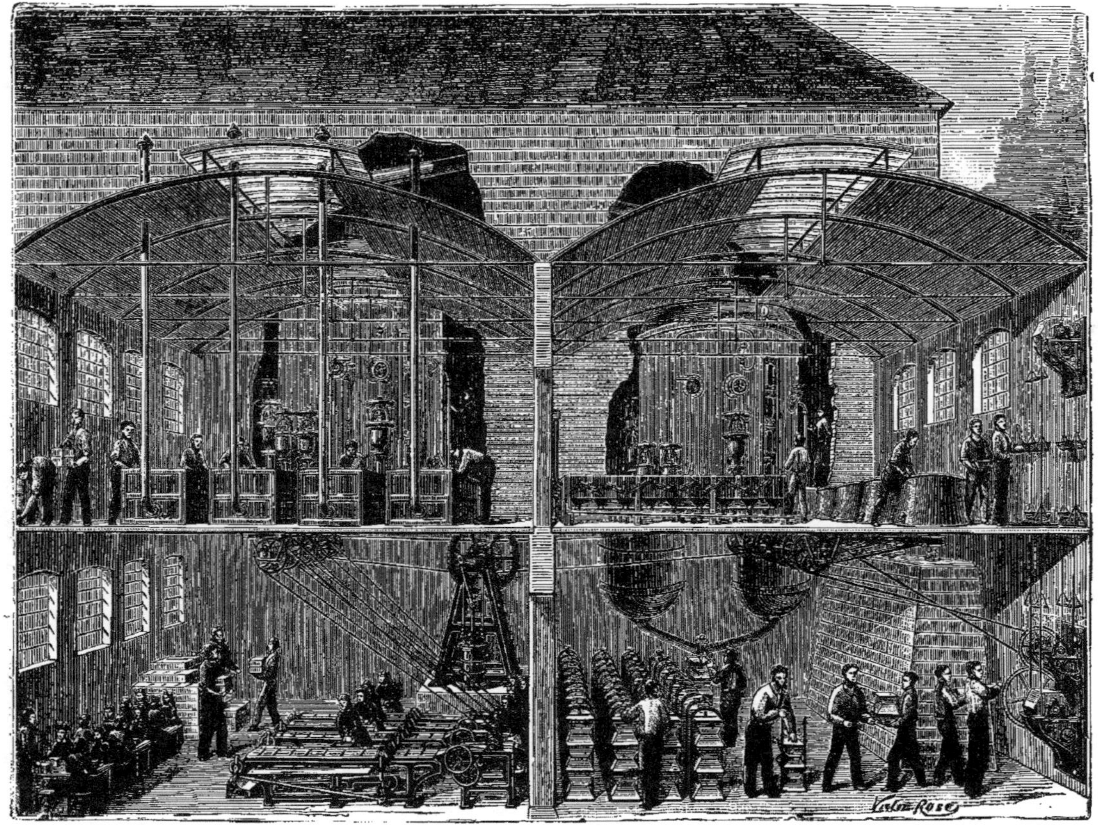

Atelier de sucre scié de l'usine Césard.

L'égouttage naturel, qui est très lent, est remplacé par l'égouttage à la turbine. Les turbines employées à ce travail ne diffèrent de celle que nous avons décrite que par une disposition de détail permettant de placer les moules mêmes à l'intérieur.

Après l'égouttage, le *clairçage*, lui aussi, est accéléré par des moyens mécaniques. On se rappelle que le clairçage consiste à faire traverser la masse de sucre par un sirop bien clair et transparent qui entraîne et chasse le sirop coloré qui aurait pu rester entre les cristaux après l'égouttage. On fait entrer ce sirop, par pression, par l'une des extrémités des tablettes; il sort par l'autre extrémité.

On sort ensuite les tablettes de leurs moules. On renvoie les moules à l'étage inférieur où on reforme les piles pour recommencer l'empli, et on met sécher les tablettes dans des *étuves*. Ce sont de grandes caisses en tôle, dans lesquelles on fait circuler un courant d'air chassé par un ventilateur et chauffé à la vapeur.

Au sortir de l'étuve, les tablettes sont livrées à la scierie pour être débitées.

On appréciera combien est avantageux le procédé que nous venons de décrire, lorsque nous aurons dit que l'ensemble de ces opérations, depuis le remplissage des moules jusqu'à l'envoi des tablettes à la scierie, exige moins de 48 heures, au lieu de 15 jours que demande la fabrication complète des pains.

On voit quelle économie est ainsi réalisée dans le local nécessaire, dans le matériel des moules et surtout dans les capitaux immobilisés sous forme de matières en cours de fabrication. L'on ne saurait trop féliciter M. Cézard de l'empressement qu'il a mis à acquérir, avant tous ses concurrents français, le droit à l'usage de ce brevet, dont M. Langen est l'inventeur. Quelque temps après, la maison Say, de Paris, appréciant toute la valeur du procédé, en a acheté le privilège pour la France entière, à l'exception de la seule usine Cézard qui avait des droits antérieurs.

Aussi est-ce spécialement sur cette fabrication de sucre scié que la nouvelle Société des raffineries Étienne et Cézard va pouvoir faire porter, dans des conditions exceptionnellement avantageuses, l'augmentation de production que lui promet le dégrèvement.

Sciage des tablettes. — Le débit des tablettes, en petits morceaux réguliers, se fait d'une manière automatique, au moyen d'un appareil des plus ingénieux.

En tête de l'appareil est une scie circulaire, composée de plusieurs lames parallèles plus ou moins écartées, suivant la grosseur que l'on veut donner aux morceaux.

La tablette, placée en avant de cette scie, en est approchée mécaniquement, et passe entre les lames, d'où elle sort divisée en autant de baguettes qu'il y a de lames.

Ces baguettes sont rangées sur une table sans fin, automotrice, et passent sous un couteau qui les débite en morceaux. Dans l'intervalle de deux coups frappés par le couteau, la table a avancé d'une quantité que l'on peut régler à volonté, et qui détermine, on le comprend, l'épaisseur même des morceaux.

Une ouvrière prend enfin les morceaux sur la table et les range dans des caisses, en laissant de côté tous ceux qui n'ont pas une forme parfaitement régulière ou une blancheur absolue ; ces déchets sont reçus dans une boîte à l'extrémité de la table.

Chacune de ces machines débite 5,000 kilog. de sucre par jour.

§ IV. — **Docks.**

Le raffineur n'est pas seulement un industriel, c'est aussi un commerçant. Les variations des cours des sucres bruts, aussi bien que des raffinés, variations qu'il lui importe de suivre avec une grande attention, l'obligent à avoir des approvision-

Raffinerie de Nantes.

Machine à scier et casser le sucre (Usine Cézard).

nements parfois considérables, soit en matières premières, soit
en produits fabriqués.

En prévision de cette nécessité, la Société s'est assuré la
jouissance exclusive de vastes magasins (1) construits sur le bras

Raffineries de Nantes.

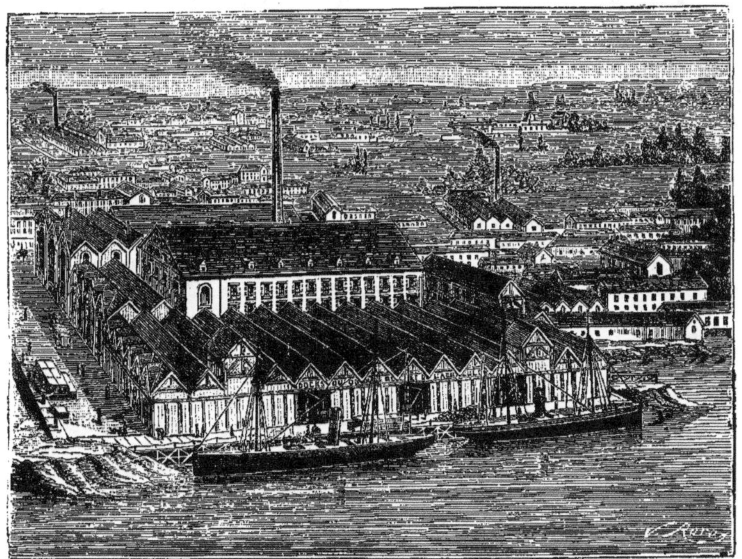

Vue à vol d'oiseau des docks.

le plus important de la Loire et devant lesquels arrivent à quai
des vaisseaux du plus fort tonnage. Ces docks sont situés à

---

(1) Ces lignes étaient écrites lorsqu'un incendie tout récent, dont le lecteur
a sans doute conservé le souvenir, a détruit entièrement ce magasin. — La Société des raffineries de Nantes ne pouvait en éprouver aucun préjudice, pas plus
pour l'immeuble dont elle n'avait pas la propriété que pour les marchandises,
dont la valeur était couverte par des assurances. — L'on s'occupe activement de
rétablir ces magasins sur des plans nouveaux et avec des agencements plus
commodes.

proximité de l'usine Étienne et à peu de distance de l'usine Cézard.

Ils occupent une superficie de 3,500 mètres carrés, dont une partie est couverte de bâtiments à trois étages. Ils sont pourvus de tous les engins mécaniques nécessaires pour la manutention des fardeaux : *grues*, *monte-charge*, *ascenseurs*, etc.; tous ces engins sont mus par une machine à vapeur.

La direction commerciale, les services des achats et des expéditions y sont concentrés dans des bureaux parfaitement installés.

C'est là qu'arrivent, des colonies, des navires entièrement chargés de sucre brut, et qui repartent pour l'Angleterre, l'Amérique... remportant, raffinés, des produits qui n'ont fait que toucher le sol français.

Parmi les vaisseaux spécialement affectés à ce service, nous pouvons citer le *Jean-Baptiste Say*, vapeur de 400 tonneaux, qui est la propriété de M. Émile Étienne, l'un des fondateurs de la Société.

CHAPITRE III

Écoulement des produits fabriqués.

§ I. — Consommation française.

En France, nous consommons approximativement 7 kilogrammes de sucre, en moyenne, par tête et par an.

En Angleterre, on en consomme 30 kilogrammes.

Le rapprochement de ces deux chiffres indique tout le chemin qui nous reste à parcourir, en supposant même que la consommation anglaise ait atteint son maximum, ce qu'aucun indice ne peut faire supposer, bien au contraire.

On a objecté que l'Angleterre est un pays froid, où l'usage des boissons chaudes est plus répandu qu'en France, et que, par suite, la consommation du sucre y sera toujours inévitablement plus importante. — Cette prétendue relation entre le climat d'un pays et sa consommation en sucre ne repose sur aucun fondement, et les pays où cette consommation atteint son maximum sont précisément des pays chauds, l'Australie, par exemple, et plusieurs États de l'Amérique du Sud, où l'on consomme 50 kil. par tête, tandis qu'en Allemagne on n'a pas encore dépassé $6^k,700$, et en Russie $2^k,500$.

Il faut le reconnaître, le sucre n'est plus une consommation de luxe. Renfermant les mêmes éléments essentiels, le carbone en particulier, que l'alcool, sans en avoir les effets nuisibles, il peut, en beaucoup de cas, le suppléer avec tout avantage. Il est devenu une denrée nécessaire, il pénètre partout, et le chiffre de sa consommation dépend uniquement de son prix de vente et du degré de bien-être matériel des populations.

Le prix de revient du sucre varie dans de faibles limites d'une nation à l'autre (en Europe du moins); ce qui varie considérablement c'est l'impôt dont il est chargé. Si la consommation anglaise dépasse toutes les autres, cela provient bien, sans doute, de ce que la proportion des ouvriers d'industrie à celle des paysans y est plus forte que partout ailleurs (et l'on sait que les premiers consomment davantage), mais il faut aussi l'attribuer à ce que l'Angleterre a pu supprimer entièrement l'impôt sur le sucre.

Nous empruntons à l'ouvrage déjà cité de M. Bivort deux tableaux graphiques dont la comparaison fera bien ressortir l'influence de l'impôt sur la consommation.

En 1860, l'impôt sur le sucre était plus élevé en Angleterre qu'en France. Mais, tandis que les Anglais ont été sans cesse en dégrevant, jusqu'à suppression complète de tous droits, des nécessités budgétaires nous ont fait suivre un mouvement inverse. — Ainsi s'explique l'augmentation rapide de la consommation anglaise, tandis qu'en France elle reste à peu près stationnaire.

Chacun sait que les excédents de recettes viennent enfin de permettre de commencer en France un large dégrèvement. Depuis le 1ᵉʳ octobre 1880, l'impôt sur le sucre a été abaissé de 73 fr. 32 c. à 40 francs par 100 kilos de sucre raffiné.

L'effet de cette mesure sur la consommation est certain ; il peut en quelque sorte être calculé d'avance. — Les prévisions officielles estiment que l'augmentation sera de 40 0/0 dans les deux premières années qui suivront. Il suffit de considérables augmentations produites en Angleterre par de bien moindres dégrèvements, et de voir notre courbe des consommations écrasée pour ainsi dire sous le poids d'un impôt exagéré, pour comprendre que ces prévisions ne peuvent être soupçonnées d'exagération.

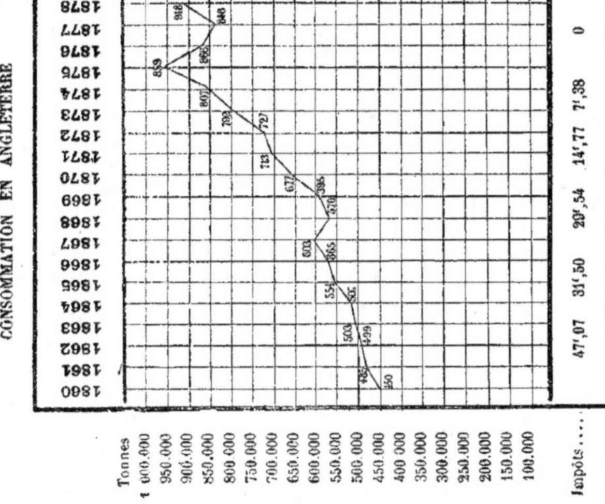

CONSOMMATION EN ANGLETERRE
Tonnes
1 000.000
950.000
900.000
850.000
800.000
750.000
700.000
650.000
600.000
550.000
500.000
450.000
400.000
350.000
300.000
250.000
200.000
150.000
100.000
Impôts.....

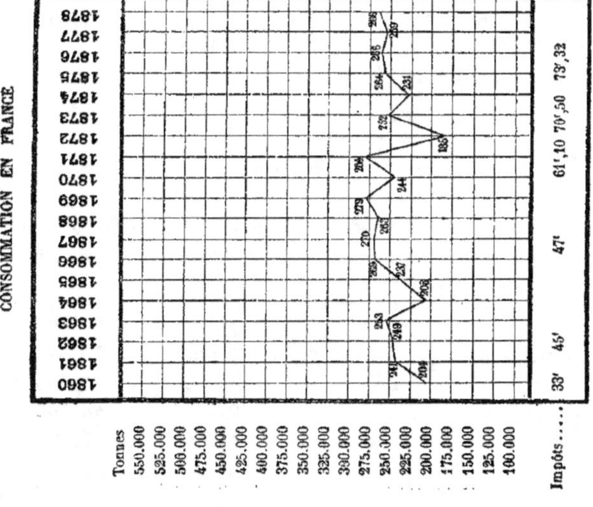

CONSOMMATION EN FRANCE
Tonnes
550.000
525.000
500.000
475.000
450.000
425.000
400.000
375.000
350.000
325.000
300.000
275.000
250.000
225.000
200.000
175.000
150.000
125.000
100.000
Impôts.....

D'ailleurs, nous avons à invoquer mieux que des prévisions. D'après la déclaration même qui a été portée à la tribune de la Chambre des députés par M. le ministre des finances, la moins-value effective, prévue à 15 millions, pour le dernier trimestre de l'exercice 1880, sur le rendement de l'impôt du sucre, depuis sa réduction, n'a atteint que 2 1/2 millions pour les deux premiers mois, c'est-à-dire qu'elle ne dépasserait pas 4 millions pour le trimestre !

La philosophie qui se dégage de ce résultat est très claire. C'est que les droits sur les sucres ayant été réduits de 50 0/0 en moyenne, c'est-à-dire ramenés de 30 millions à peu près pour le trimestre à 15 seulement, il a fallu, pour les faire remonter à 25 et même 26, que la consommation subisse un accroissement des deux tiers. Sans doute, il y a bien eu un surcroît forcé de production, en raison du ralentissement qui s'était produit avant le dégrèvement : il a bien fallu réparer ce chômage. Mais ce n'est là qu'une faible part du développement que nous enregistrons, et qui est dû presque entièrement à la progression manifeste de la consommation, progression qui ne cessera de s'accroître avec le temps. Le sucre est, en effet, une matière de première nécessité, susceptible des usages et des emplois les plus divers, et dont la consommation, à ce point de vue, est sans limites.

§ II. — **Exportation.**

La France exporte plus du 1/3 de sa production en sucre raffiné. Voici quels ont été, pour 1869 et 1879, les principaux centres d'exportation :

		1869	1879
Angleterre	Tonnes	24.682	70.712
Italie		15.702	5.386
Suisse		7.737	13.296
Russie		1.755	5.786
A reporter		49.876	95.180

	1869	1879
Reports.	49.876	95.180
Turquie.	17.464	6.293
Égypte.	3.059	3.722
États Barbaresques	1.478	5.454
Amérique du Sud.	8.943	10.026
Algérie.	6.398	9.429
Autres pays.	10.369	3.054
Ensemble. . . . Tonnes	97.587	144.058

Observons de suite que l'augmentation de l'exportation porte principalement sur les pays naturellement desservis par le port de Nantes, tandis que pour l'Italie et la Turquie, par exemple, qui sont tributaires du port de Marseille, l'exportation diminue.

Or, pour l'exportation comme pour l'importation des sucres exotiques, Nantes est, par rapport à Paris, dans une situation de supériorité qui se chiffre par le prix de transport du sucre raffiné de Paris à Nantes ou au Havre.

Comme la consommation locale, l'exportation du sucre est appelée à augmenter.

Nous avons en effet comme concurrents, pour l'alimentation des pays non pourvus de raffineries : la Belgique, la Hollande, l'Allemagne et l'Autriche. — L'Angleterre ne produit pas de sucre, la Russie suffit à peine à sa consommation, l'Italie ne possède qu'une seule raffinerie, à Gênes. Nous avons ainsi avantage de situation.

Malheureusement, dans les cinq pays producteurs de sucre, il existe, non pas de nom, mais de fait, une prime à l'exportation. Sans entrer dans les détails assez complexesde cette question, il nous est facile de faire comprendre en quoi elle consiste essentiellement.

La production, aussi bien que l'importation du sucre brut, est frappée d'un impôt, et lorsque le raffineur exporte, ou lui restitue, sur le sucre raffiné exporté, une somme calculée de telle manière qu'elle soit la représentation de l'impôt supporté par le sucre brut qui a servi à fabriquer ce sucre raffiné exporté.

Mais chez nos concurrents la somme restituée est établie de telle manière qu'elle surpasse généralement l'impôt payé. La différence est bien une véritable prime à l'exportation.

En France, cette prime est insignifiante, et l'un des effets du dégrèvement est de la diminuer encore ; il est incontestable qu'il n'en est pas de même chez nos concurrents, et surtout en Autriche où la prime égale chaque année le montant total de l'impôt perçu sur le sucre brut, de sorte que tout le sucre consommé dans le pays est ainsi, en réalité, exempt d'impôt.

C'est là, évidemment, une situation anormale qui doit inévitablement disparaître tôt ou tard par une meilleure assiette de l'impôt. Ce jour-là, la France recueillera tous les bénéfices de son excellente situation pour le raffinage et l'exportation du sucre, bénéfices qui sont aujourd'hui neutralisés par ces primes déguisées.

L'Angleterre, cela ressort du précédent tableau, est actuellement le principal marché d'exportation des sucres français ; c'est un marché acquis, par sa situation géographique, aux raffineries de Nantes, particulièrement les régions de l'Est, le Cornwal, le pays de Galles, l'Irlande. C'est aussi dans ces régions que la Société des anciennes Raffineries Étienne et Cézard compte étendre le rayon de ses affaires ; elle se dispose à y créer 12 nouvelles agences.

CHAPITRE IV

Conditions économiques et financières de la Société.

Les résultats économiques produits par la Société anonyme des anciennes Raffineries Étienne et Cézard de Nantes sont de deux sortes: ils sont *généraux* ou *particuliers*, suivant que l'on considère l'intérêt général ou l'intérêt propre des actionnaires.

1° **Résultats généraux.**

Ceux-ci intéressent diverses branches de la production et spécialement l'agriculture.

L'industrie du sucre est en effet une industrie *mère* si on veut bien nous permettre l'expression. Son importance économique embrasse à la fois l'agriculture par la culture de la betterave et les engrais qu'elle lui fournit, la marine marchande qui l'alimente de matières premières en même temps qu'elle écoule ses produits, les diverses industries qui lui fournissent son matériel, etc.

Aussi la prospérité d'un pays est-elle étroitement liée à la grande production du sucre: c'est là un résultat qui a été reconnu de tout temps. Ainsi, lors du blocus continental, Napoléon, visant à tuer la puissance commerciale de l'Angleterre, s'efforçait de lui enlever le commerce et les transports du sucre des colonies; ainsi l'Angleterre amenée, il y a quelques années à faire emploi d'excédents disponibles, s'empressait de les affecter au dégrèvement des sucres, de préférence au dégrèvement des al-

cools : elle y gagnait le bénéfice de l'accroissement de transports maritimes d'une grande importance, prenant ainsi le
contre-pied des efforts tentés par Napoléon à son détriment.

Ajoutons que tout récemment nous avons exactement suivi
les mêmes errements, avec plus de raisons encore : le Parle-
ment a décrété le dégrèvement des sucres dans une plus large
proportion que celui des vins.

C'est qu'en effet un dégrèvement de 0,05 centimes par litre
de vin est certainement une bonne chose, mais pour les con-
sommateurs seulement. La France en produira-t-elle plus de
vin, la richesse publique s'en accroîtra-t-elle dans une grande
proportion? Non, évidemment.

Voyons, au contraire, les conséquences du dégrèvement des
sucres.

La consommation s'en accroît en quelque sorte sans limites;
la production suivra, et avec elle les cultures perfectionnées et
fructueuses : celle de la betterave comme conséquence directe, et
nombre d'autres comme conséquence indirecte, du fait de l'uti-
lisation de la pulpe qui contribue à l'alimentation des bestiaux
et la multiplication des engrais. En ce moment où la culture
des céréales en France lutte si péniblement avec les importa-
tions américaines, il importe d'aider au développement des
cultures qui n'ont rien à craindre de l'étranger; celle de la
betterave est dans ce cas, et l'importance de ce fait est telle,
que, pour qui sait prévoir, un nouveau dégrèvement du sucre
s'impose à bref délai, presque comme une mesure de salut
public.

On voit l'importance de la part de l'agriculture dans la production du sucre.

Celle de notre marine et en général de nos voies de transports ne sont pas de moindre valeur, soit qu'elles amènent des
colonies les produits de la canne à sucre, ou des lieux de production les matières premières des sucreries, en particulier la
betterave, soit qu'elles répartissent les produits fabriqués et
surtout qu'elles les réexportent. On peut dire à cet égard que

les raffineries Étienne et Cézard sont la fortune de la ville de Nantes.

Ces bénéfices multiples s'augmentent avec la production, qui elle-même se développe au fur et à mesure de l'abaissement des prix de vente et des dégrèvements dont les droits qui frappent le produit sont l'objet. La réduction, dans ce cas, va même plus loin que la proportion même du dégrèvement.

Les Raffineries sont tenues en effet d'acquitter les droits par anticipation : la réduction de la quotité de ces droits se traduit aussitôt par le bénéfice de l'intérêt du capital de roulement affecté à cet emploi, par celui des droits de timbre correspondants, etc.

Qu'on juge de l'importance de ce bénéfice : le dégrèvement qui vient d'être effectué, se traduit, pour les seules raffineries Étienne et Cézard, par un chiffre qui n'est pas inférieur à 240,000 francs par an.

Le dégrèvement a un effet non moins direct sur l'ensemble de la production. Avec le développement continu de la consommation qui en est la conséquence, les usines n'ont plus à se préoccuper de l'écoulement de leurs produits ; elles le savent assuré et peuvent ainsi donner le plein de leur production, d'où résulte la réduction des frais généraux, l'absence de chômage, la régularité des prix, l'augmentation des dividendes, etc.

Voilà pour l'intérêt général ; voyons maintenant l'intérêt particulier, c'est-à-dire les bénéfices que les actionnaires sont en droit d'attendre de leur participation dans la Société.

2° Constitution de la Société des anciennes Raffineries Étienne et Cézard, de Nantes.

La Société anonyme des anciennes Raffineries Étienne et Cézard, de Nantes, a été constituée au *capital de 10,000,000 de francs*, divisé en 20,000 actions de 500 francs chacune.

Sur ces 20,000 actions, 15,000, représentant un capital de 7,500,000 francs, ont été attribuées à MM. Étienne et Cézard, en représentation de la valeur des usines, terrains, constructions, matériel, outillage, appropriations, clientèle et marques industrielles.

Les 5,000 actions disponibles, représentant un capital de 2,500,000 francs, sont destinées à la formation du fonds de roulement.

La mise en société des usines appartenant à MM. Étienne et Cézard n'a pas été, pour ces messieurs, l'occasion de se dérober, en réalisant le capital de leurs usines en un moment opportun, c'est-à-dire au moment du dégrèvement des sucres, appelé à donner aux raffineries un surcroit de prospérité. Toutes dispositions pour la formation de la Société étaient bien et dûment arrêtées avant que la loi de dégrèvement vînt en discussion et, d'ailleurs, ils ont tenu à ce que la Société, bien qu'anonyme, fût désignée sous leurs noms. Ils ont si peu songé, ils songent si peu à se désintéresser de ses opérations et de son avenir, que M. Étienne est président du Conseil d'administration, et que M. Cézard en est administrateur délégué. N'endossent-ils pas ainsi, sinon la responsabilité matérielle, tout au moins la responsabilité morale du succès?

Ainsi dirigée, la Société des anciennes Raffineries Étienne et Cézard, créée franche de dettes et dotée d'un capital de roulement qui peut satisfaire à tous les besoins, est à même de produire 150,000 kil. de sucre par jour, soit par an 45 à 50,000 tonnes correspondant à un chiffre d'affaires de 130 à 140,000 francs par jour, c'est-à-dire 50 millions par an. On peut juger par ces chiffres que l'importance du capital de roulement est bien en rapport avec l'importance des établissements décrits précédemment.

La Société, nous l'avons dit, a été créée franche de toutes dettes; les actionnaires sont bien les seuls propriétaires des usines fusionnées, et l'on peut juger, d'après les renseignements qui précèdent, si leur argent est bien placé. On remarquera que le dégrèvement du sucre, qui a coïncidé avec la formation de

la Société, tout au moins qui l'a suivie de près, ajoute à la
valeur des établissements : en donnant un vif élan au développement de l'industrie sucrière dans l'ouest de la France, il se
traduira par un excédent du chiffre d'affaires et en thèse générale par un excédent de bénéfices.

Dans l'état actuel, et en ne tenant compte que des précédents,
on voit qu'il suffit, pour assurer au capital une rémunération
de 10 0/0, de réaliser, déductions faites des retenues pour ré-
serves, etc., un bénéfice net de 2 0/0 du chiffre d'affaires.
Mais c'est là une évaluation trop étroite et qui est en contra-
diction avec les faits ; le dernier exercice qui a précédé la
formation de la Société a donné, en effet, pour les deux usines,
un chiffre minimum de 1,500,000 francs, soit 3 0/0 du chiffre
d'affaires évalué ci-dessus comme le minimum du chiffre de
la production.

L'industrie de la raffinerie est sujette, il est vrai, à des variations assez importantes d'une année à l'autre, et conséquem-
ment à des variations de bénéfices. Les fondateurs ne se font
à cet égard aucune illusion, et en prévision d'éventualités
défavorables, ils ont inséré, dans les statuts, les articles 44 et
47 : le premier stipule une retenue de 15 0/0, à titre de fonds
de prévoyance, sur les produits nets, déduction faite d'une
réserve de 5 0/0 et d'une première attribution de 6 0/0 au
capital ; le second règle la formation de ce fonds de prévoyance
et l'affectation des sommes dont il se compose.

Le but que se sont proposé les fondateurs, en introduisant
ces diverses clauses dans les statuts, a été de *stabiliser* le re-
venu des actions au chiffre de 50 francs. Les bonnes et les
mauvaises années se prêteront ainsi un mutuel appui, et les
actionnaires traverseront les moments difficiles, s'il s'en présente, sans avoir d'inquiétude sur le dividende. Le songe des
sept vaches grasses et des sept vaches maigres est toujours de
saison et résume encore la meilleure, quoique la plus ancienne des doctrines économiques.

PARIS. — IMPRIMERIE CHAIX, 20, RUE BERGÈRE, PRÈS DU BOULEVARD MONTMARTRE. — 1895-1.

www.ingramcontent.com/pod-product-compliance
Lightning Source LLC
LaVergne TN
LVHW021821170726
843503LV00007B/3307